Étude de Mᵉ Léon LEBRUN, Commissaire-Priseur

RUE DE LA MICHODIÈRE, 20.

VENTE

Après décès de Mᵐᵉ Mélanie WALDOR

DE

TABLEAUX

ANCIENS ET MODERNES

Des différentes Écoles

OBJETS D'ART ET DE CURIOSITÉ

Porcelaines de la Chine et du Japon, Faïences, Bronzes,
Meubles Louis XIV, Louis XV et Louis XVI, Bois
sculptés, Garde-Robe de femme, Miniatures anciennes, Argenterie et Bijoux

BELLE COLLECTION DE GRAVURES

Réunie par M. de VILLENAVE

ENVIRON 6,000 PORTRAITS GRAVÉS

Savants, Poètes, Maréchaux
Empereurs, etc.

RUE DROUOT, 5

Les Lundi 28, Mardi 29 et Mercredi 30 Avril 1875

À UNE HEURE DE RELEVÉE

Par le ministère de Mᵉ LÉON LEBRUN, Commissaire-Priseur,
rue de la Michodière, 20

Assisté de MM. DHIOS et GEORGE, Experts,
rue Le Peletier, 33

Et de M. CLÉMENT, Expert, rue des Saints-Pères, 3,

Chez lesquels se distribue le Catalogue.

EXPOSITION PUBLIQUE

Le Dimanche 27 Avril 1875, de 2 heures à 5 heures.

PARIS — 1875

EXEMPLAIRE DE DHIOS

Étude de M⁰ Léon LEBRUN, Commissaire-Priseur
RUE DE LA MICHODIÈRE, 20.

VENTE

Après décès de Mme Mélanie WALDOR

DE

TABLEAUX

ANCIENS ET MODERNES

Des différentes Écoles

OBJETS D'ART ET DE CURIOSITÉ

Porcelaines de la Chine et du Japon, Faïences, Bronzes, Meubles Louis XIV, Louis XV et Louis XVI, Bois sculptés, Garde-Robe de femme, Miniatures anciennes, Argenterie et Bijoux

BELLE COLLECTION DE GRAVURES

Réunie par M. de VILLENAVE père

ENVIRON 6,000 PORTRAITS GRAVÉS ET LITHOGRAPHIÉS

Savants, Poëtes, Maréchaux, Papes, Rois
Empereurs, etc.

RUE DROUOT, SALLE N° 1

Les Lundi 28, Mardi 29 et Mercredi 30 Avril 1873

A UNE HEURE DE RELEVÉE

Par le ministère de M⁰ Léon LEBRUN, Commissaire-Priseur,
rue de la Michodière, 20,
Assisté de MM. DHIOS et GEORGE, Experts,
rue Le Peletier, 33,
Et de M. CLÉMENT, Expert, rue des Saints-Pères, 3,
Chez lesquels se distribue le Catalogue.

EXPOSITION PUBLIQUE

Le Dimanche 27 Avril 1873, de 2 heures à 5 heures.

PARIS — 1873

CONDITIONS DE LA VENTE

Elle sera faite au comptant.

Les Adjudicataires paieront CINQ POUR CENT, en sus des enchères, applicables aux frais de vente.

L'Exposition mettant le Public à même de s'assurer de l'état de tous les Objets compris en la présente Vente, il ne sera admis aucune réclamation une fois l'adjudication prononcée.

DÉSIGNATION

DES

TABLEAUX

BLOEMAERT

50 6 — Prédication de saint Jean-Baptiste.

BOUCHER (FRANÇOIS)

300 7 — Enfants et Moutons dans un bois.

BOUCHER

85 8 — Vénus et Vulcain.

BOURDON (SÉBASTIEN)

29 9 — Paysage avec obélisque.

BOURGUIGNON

60 10 — Combat de cavelerie au bord d'un fleuve.

BREYDEL

16 11 — Combat de cavalerie.

CALAME (Attribué à)

12 — Forêt de pins : Effet de neige.

160

CALAME (Attribué à)

13 — Effet de neige.

COLOMBAT (LAURE)

14   22 — Paysage.

COQUES (GONZALÈS)

40   23 — Portrait d'homme.

CRÉPIN

40   24 — Naufrage : Clair de lune.

C. V. Z. (1669)

50   25 — Paysage avec chaumière et ruisseau au premier plan.

DIÉPENBECK

15   26 — Triton sonnant de la conque.

DYCK (École de Van)

18   27 — Portrait d'homme.

EVERDINGEN

150   28 — Marine : Temps orageux.

EYSEN

75   29 — Concert d'enfants.

FAES (Van der)

FAES (Van der)

FONTALARD

GIORDANO (Luca)

GORP (Van)

GUDIN (Attribué à)

HELMONT (M. Van)

HELMONT (M. Van)

HUET (Jean-Baptiste)

85   38 — Le petit Pêcheur à la ligne.

KIERINGS, Van **BALEN** et Van **KESSEL**

176   39 — Figures mythologiques dans un paysage.

LACAZE *(genre Diaz)*

160   40 — Jeunes Filles caressant un chien.

LA JOUE

95   41 — Vue du grand Trianon.

LANFRANC

20   42 — Saint Pierre marchant sur les eaux.

LANFRANC

4   43 — Tête de vieillard.

LAURI (F.)

105   44 — Les Vendanges. Petite peinture, forme ronde.

LAURI (F.)

55   45 — Bacchanales.

46

LAURI (Filippo).

46 — Bacchanales.

LANEN (Van der)

47 — Réunion de musiciens.

LEBRUN (Charles)

48 — La Maladie d'Alexandre.

LEBRUN (École de)

49 — Magdeleine aux pieds du Christ en croix.

LEPRINCE (Jean-Baptiste)

50 — La petite Laitière (1760).

LEPRINCE (Jean-Baptiste)

51 — Cour de ferme.

LENAIN

52 — Joueurs de cartes.

LESUEUR (Eustache)

53 — Jésus chez Marthe et Marie.

LONGHI (Pierre)

61 54 — Promenade sur l'eau.

LONGUET

30 55 — Étang au milieu d'un bois.

M-B (Initiales)

75 56 — Paysage avec petites figures.

M-B (Initiales)

57 — Pendant du précédent.

MICHALLON

3.50 58 — Cascade (Étude).

MIGNARD

22 59 — Portrait de Louis XIV.

MIGNARD

5 60 — Portrait d'homme.

MILLET (Francisque)

100 61 — Paysage historique.

MONNOYER (BAPTISTE)

62 — Bouquet de fleurs.   59

NAPOLITAIN (F.)

63 — Deux Tableaux : Batailles.   36

OUDRY (J.-B.)

64 — Pâturage (Signé et daté 1735).   62

ORIZONTI

65 — Site d'Italie. Forme ovale.   18

PANINI (École de)

66 — Ruines avec personnages.

PANINI (École de)   22

67 — Ruines. Pendant du précédent.

PLANET (1841)

68 — Scène écossaise.   15

POELEMBURG (École de)

69 — Diane et Calisto.   31

POUSSIN (Attribué à NICOLAS)

70 — Saint Charles Boromée.

POUSSIN (École de GUASPRE)

71 — Paysage.

POUSSIN (École de GUASPRE)

72 — Paysage avec pêcheurs.

POUSSIN (École de GUASPRE)

73 — Pendant du précédent.

RAOUX

74 — Le Concert.

RENI (GUIDO)

75 — Figures allégoriques.

RENI (GUIDO)

76 — Pendant du précédent.

RENI (École de GUIDO)

77 — Apollon et les Muses (Esquisse de plafond).

RENI (D'après Guido)

78 — Béatrix Cinci.   5

RIGAUD (Attribué à)

79 — Portrait d'homme : Buste. Forme ovale.   35

ROBERT (Hubert)

80 — Galeries souterraines avec tombeaux (Signé et daté 1765).   172

ROBERT (Attribué à)

81 — Paysage : Dessus de porte.   10

ROTTENHAMER

82 — Repos de Diane.   18

ROMBOUTS (T.)

83 — Vue de Hollande.   191

RUYSDAEL (Salomon)

84 — Bouquet d'arbres au bord d'une rivière.   250

RUYSDAEL (D'après)

85 — Le Coup de vent.   30

SNELLINK (Jean)

86 — Halte de chasse dans un site dénudé.

TIEPOLO

87 — Cérémonie nuptiale.

TIEPOLO

88 — Triomphe d'un empereur (Deux pendants).

TITIEN (D'après)

89 — Christ portant sa croix.

VERNET (Joseph)

90 — Marine : Tempête.

VERTANGHEN

91 — Le Triomphe d'Amphitrite.

VINCENT

92 — Tête de jeune fille.

VINCKENBOOMS (D.)

93 — Course de taureaux sur la place Saint-Marc, à Venise.

VOUET (Simon)

94 — Vierge, Jésus et saint Jean. — 5

ÉCOLE FRANÇAISE

95 — Le galant Berger. — 13

ÉCOLE FRANÇAISE

96 — Portrait de Mme de Sévigné. — 25

ÉCOLE HOLLANDAISE

97 — Combat naval. — 105

ÉCOLE HOLLANDAISE

98 — Marine. Pendant du précédent.

ÉCOLE HOLLANDAISE

99 — Tête de philosophe.

ÉCOLE FRANÇAISE

100 — Portrait présumé de Mlle de La Vallière. — 40

ÉCOLE MODERNE *signé Diaz*

101 — La Causerie dans le parc. — 270

ÉCOLE MODERNE

102 — Petite Paysanne.

DESSINS

ANDRIEUX

103 — Officier de cavalerie (Aquarelle).

CASANOVA

104 — Repas de bohémiens.

DUVAUX (Jules)

105 — Dessin à la sanguine.

JOHANNOT (Alfred)

106 — Scène de roman (Aquarelle).

JOHANNOT (Tony)

107 — Le Retour (Sépia).

MULLER

108 — La Peinture et la Poésie.

***

109 — Tableau en tapisserie au petit point représentant sainte Geneviève.

110 — Sous ce numéro, les Tableaux et Dessins
non catalogués.

***

OBJETS D'ART

MEUBLES ET CURIOSITÉS

111 — Deux Bustes en marbre : Molière et Montes-
quieu, sur socles en marqueterie; un
Groupe d'enfants en marbre, par Baptiste;
Terres cuites, Christs en bronze, Bureau
Louis XIV avec cuivres, Meubles Louis XV
et Louis XVI, Bois sculptés, Régulateur en
bois rose, Pendules en marqueterie avec
socles, Bronzes de cheminée et Bronzes
artistiques.

112 — **Argenterie** ancienne, Salière.

113 — **Porcelaines** de Chine, du Japon, de Saxe, de Sèvres; Faïences, Objets d'étagère.

BIJOUX ET MINIATURES

114 — Jolie Miniature du temps de Louis XV : Portrait de jeune femme, avec cadre en cuivre ciselé et doré. Signé au revers CAFFIERI. Autres Miniatures, Boîtes, Étuis.

115 — Bracelet en or et émail bleu de ciel, orné de grosses perles et de 40 brillants. Donné par Napoléon III.

116 — Collier avec croix, formé de 42 pierres taillées, montées sur or, et deux Boucles d'oreilles.

117 — Une Bague en or avec miniature.

118 — Une Bague en or avec petite montre comme chaton. Ayant appartenu à Napoléon Ier.

119 — Un Bracelet en or avec perles et brillants.

120 — Une Bague en or et opale.

121 — Bagues, Bracelets, Broches, Boucles d'oreilles en or et pierres diverses.

DESSINS

ADAM ET AUBRY

122 — Sujets militaires (Batailles du 1er Empire). Six dessins à la plume lavés d'encre de Chine et de bistre.

BOUCHER ET FRAGONARD

123 — Femme couchée. — Amour couché, etc. Trois dessins au crayon rouge.

CHAMPAGNE (P.-H. de)

124 — Repos de la sainte Famille en Égypte. A la plume, lavé d'encre de Chine.

CANGIAGE (Luc)

125 — Descente de Croix. — Mise au Tombeau. Deux dessins à la plume lavés de bistre.

HERMSKERSK (M. Van)

126 — Le Massacre des Innocents. Joli dessin à la plume.

JULIEN

127 — Dessins et Croquis de Julien de Parme, d'après différents maîtres italiens, au nombre de 177; faits pendant son séjour en Italie. Ce livre a été commencé à Gênes, le 22 décembre 1759, et achevé en 1764. 1 vol. in-fol. vélin.

LANTARA

128 — Paysage au crayon noir.

PILLEMENT

129 — Paysage animé de figures. A la plume, lavé de bistre et rehaussé de blanc.

POUSSIN (N.)

130 — Paysages et Ruines d'architecture. Joli dessin à la plume. Au verso, une écriture qui paraît être celle du maître.

Signé N. Poussin.

VANLOO (C.)

131 — Études de Tête. Études de Guerriers. Six dessins à l'aquarelle et au crayon lavé de bistre.

VÉRONÈSE (P.)

132 — Études. Beau dessin aux trois crayons.

VOUET (SIMON)

133 — Études pour plafonds et autres. Trois dessins à la plume et au crayon noir. Deux sont rehaussés de blanc.

134 — Sous ce numéro, il sera vendu environ deux cents Dessins de toutes les Écoles.

ESTAMPES

ANONYME

135 — Le Cœur de la Nation. Pièce publiée en 1784 lors de la naissance de Monseigneur le Dauphin.

AUDRAN ET MELLAN

136 — Bernard de Montfaucon, Jacques Davy, Cardinal du Perron. Deux pièces. Très-belles épreuves avant toutes lettres.

BLIGNY (Chez)

137 — Suite d'Estampes pour servir à l'histoire des modes et du costume en France, dans le XVIIIe siècle, année 1778. Suite de dix sujets et un titre, gravés à l'eau-forte. Rare.

BOIZOT, HUBERT, LE MIRE, ETC.

138 — Portraits du roi Louis XVI. Sept pièces. Très-belles ép.

BONNART ET BERAIN

139 — Costumes d'hommes et de femmes du XVIIe siècle et autres. 50 pièces.

BOUCHER (D'après)

140 — Pastorales et Sujets d'enfants. 15 pièces, la plupart gravées au crayon rouge, par Desmarteau.

BRADEL

141 — D'Eon de Beaumont (Charlotte-Geneviève-Louise-Andrée). Très-belle ép.

142 — Portrait de Chardin (Jean-Baptiste-Siméon), peintre du roi, d'après lui-même. Gravé par Chevillet. Très-belle ép.

CHARDIN (D'après)

143 — La Fontaine. — La Blanchisseuse. Deux pièces gravées par C.-M. Cochin. Très-belles ép.

CHARLET et DELACROIX

144 — Officier de voltigeurs (Cat. L. C. 112. R.). — Théâtre Italien. — Le grand Opéra. Deux pièces tirées du journal *Le Miroir*. En tout trois pièces.

CHERÉAU (J.), le jeune

145 — Mme de Prie et Mme de Sabran. Deux portraits gravés d'après Vanloo. Très-belles ép.

CHEVILLET

146 — Le Noir (Jean-Charles-Pierre), lieutenant général de police. Deux portraits. Très-belles ép.

147 — Jean-Louis Jordan, d'après Fable. Portrait in-fol. Très-belle ép. avant toutes lettres.

CHEVILLET et CATHELIN

148 — Louis-Philippe d'Orléans, duc de Chartres. — Louis XVI, roi de France. — Orléans (François-Jean-Paul, chevalier, d'), gravé par L. Car, d'après Raoux. Trois pièces. Très-belles ép.

COCHIN (N.)

149 — Vue perspective de l'illumination de la rue
de la Ferronnerie, du côté de la rue
Saint-Honoré, le 8 septembre 1745. — Vue
perspective de l'illumination de la rue de
la Ferronnerie, exécutée le 29 août 1739,
à l'occasion du mariage de Madame. Deux
très-jolies pièces faisant pendants. Très-
belles ép.

COCHIN (D'après N.)

150 — Beaumarchais. — l'Abbé Pommier. — Chau-
velin. — Restout. — Massé. — Trudaine.
— De la Live de Jully. — Roslin. — C.-N.
Cochin. — Vanloo. — d'Alembert. — Cous-
tou. — Chardin. — Boucher. — Turgot.
Amelot. — Bouchardon. — Jombert, etc.
69 portraits. La plupart gravés par A. de
Saint-Aubin.

151 — Laruette. — Lully. — A. L. Piot. — Caffin. —
Gluck, etc. Dix portraits gravés par Saint-
Aubin, Cathelin et autres.

COSTUMES

152 — Costumes des membres du Directoire exécutif. — Costumes militaires de la garde
des Consuls. — Costumes militaires divers,
français et étrangers. En tout 50 pièces.

DARET

153 — Personnages célèbres de l'époque Louis XIV.
38 portraits.

DAULLÉ (J.)

154 — Marie-Thérèse, reine de Hongrie. — Duchesse de la Trémoille, par Miger. — Mᵐᵉ Chardin, par L. Cars, etc. Quatre portraits.

DEBUCOURT (P.-L.)

155 — Liberté. — Fraternité. — Unité. Trois pièces. Très-belles ép.

DEBUCOURT et autres.

156 — La Marchande de cerises. — La Partie de plaisir. — La Diseuse de bonne-aventure, etc. Neuf pièces en noir et en couleur.

DELAUNAY, LITTRET et autres

157 — Comte de Tressan. — J.-J. Rousseau. — Piron. — Cardinal de Luynes. — Fénelon, etc. Douze pièces. Très-belles ép.

DEMARCENAY et EISEN

158 — Charles VII. — Charles V. — D'Argenson. — Buffon. — Corneille. Cinq portraits. Très-belles ép.

DIVERS

159 — Adresse de Baltard, architecte. — Prospectus d'un marchand de cognac au haut duquel est le portrait de Mme la duchesse de Chartres; cartouches et culs-de-lampes. Quinze pièces.

160 — Calendrier pour l'an III de la République française. Autre petit Calendrier de forme ronde, gravé en couleur, par Lingée, etc. Trois pièces.

161 — Mme de Grafigny. — Catherine II. — Marie Leczinska. — Ninon de L'Enclos et autres. 12 pièces.

162 — Mlle Colombe. — Mme de Grafigny. — Mme de Lamballe. — Mme de Grignan. — Duchesse de Montpensier, etc. Sept portraits.

163 — Bossuet. — Lally-Tollendal. — Le prince de Ligne. — Duc de Noailles. — Antoine Petit. — J.-Ph. Le Bas. — Beaumarchais. Comte d'Estaing, etc. — 23 portraits gravés par de Longueil. — Laurent, Wille, Hubert, Chereau et autres.

DIVERS

164 — J.-B. de Florian. — Henri de Bourbon, roi de
Navarre. — L'Abbé de Lille. — Sigaud de
la Fond. — Séb. Le Clerc. — Cath. de
Seine. — Hue de Miromenil, etc. Dix por-
traits par Clermont, Miger, Duflos, Fessard,
Saint-Aubin et Ingouf.

DREVET (Pierre)

165 — Boileau-Despréaux (Nicolas), d'après de Piles.
Très-belle ép.

DREVET et WILLE

166 — André Hercules. — Cardinal Fleury. — H.
Von Erlach. Deux grands portraits in-fol.
Très-belles ép.

DUCERCEAU (André)

167 — Livres des édifices romains (1854), et autres.
124 pièces.

168 — Arcs de Triomphe. Neuf pièces.

DUPIN

169 — Les Costumes français représentant les différents états du royaume, avec les habille-
ments propres à chaque état et accompagnés
de réflexions critiques et morales. A Paris,
chez Le Père et Avaulay, 1776. Suite de dix
pièces et un titre. Superbes ép. très-rares.

DUPLESSIS

170 — La Révolution française, la Nation française, les Protestants reconnaissants, etc.
Trois pièces.

FICQUET (ÉTIENNE)

171 — L'Arioste. — Regnard. — Corneille. — Fénelon. — Eisen. — La Fontaine. Six portraits.
Très-belles ép.

SAMUEL PUFENDORF

172 — Maria Schurman, gravée par Gaillard,
d'après Eisen. Deux pièces.

FLIPART, INGOUF

173 — Portrait de J.-B. Greuze. — J.-J. Flipart,
graveur. — N. de Launay, graveur du
roi. Quatre portraits dont un double.
Très-belles ép.

GAILLARD (R.)

174 — Martinière (Germain Pichault de la), premier
chirurgien du roi, d'après Latinville.
Très-belle ép.

GAUCHER ET CHAUFFARD

175 — Le Comte de Vergennes. — Ch. Palissot. —
L'Abbé Nicolle. — Legrand de Laleu. —
J.-B. du Patay, etc. Treize pièces. Très-
belles ép.

GOLE (J.)

177 — Portrait d'Ostade, gravé en manière noire,
d'après lui-même. Très-belle ép.

GOLTZIUS (H.)

177 — Jean Zurennes (B. 189). Belle ép.

HABERT

178 — Portrait de Du Guay-Trouin, d'après Grain-
court. Superbe ép. avant toutes lettres.

HURET (Greg)

179 — Portrait de Louis XIV jeune, n'étant encore
que Dauphin. Très-belle ép.

HUBERT ET DUPIN

180 — Le Comté d'Artois. — Comté de Provence.
L. R. de la Chalottais. — Christophe de
Beaumont. — Louis-Jean-Marie, duc de
Penthièvre. — J.-F. Marmontel. — Jean
de Lafontaine, etc. Neuf portraits. Très-
belles ép.

JANINET

181 — Buste de femmes, gravés en couleur. Dix
pièces.

JEAURAT ET SCHÆNAU (D'après)

182 — Le Moulin d'attrape. — La Repasseuse. —
Manières noires par différents graveurs.
Cinq pièces.

LANTÉ

183 — Costumes parisiens, différents métiers. Suite
de 38 pièces coloriées.

LARMESSIN (N. de)

184 — Isabelle d'Orléans, duchesse de Guise. —
Marie-Thérèse. — Anne-Marie d'Orléans,
duchesse de Savoie. — Princesse de
Condé. — Princesse de Conti. — Duchesse
de Longueville, etc. Dix portraits.

LARMESSIN (N. de)

185 — Portraits de différents personnages du temps de Louis XIV. Seize pièces.

LE BEAU

186 — Louis XVI et Marie-Antoinette. Deux très-jolis portraits se faisant pendants. Superbes épreuves. Rares.

187 — Duc de Brissac. — Pierre-Laurent de Belloy. — Comte de Provence. — Duc de Penthièvre. — Comte d'Artois, etc. Huit portraits.

LE BEAU et ROMAND

188 — Portrait de Élisabeth-Philippe-Marie-Thérèse de France, sœur de Louis XVI. Deux très-jolis portraits d'après Fontaine.

LE BEAU et HUBERT

189 — La comtesse de Provence et la comtesse d'Artois. Trois portraits d'après Drouais et Ferlin K. Très-belles épreuves.

LE CLERC

190 — Costumes français du temps de Louis XVI. 21 pièces gravées par Dupin, Le Beau, Baquoy et autres.

LEVACHEZ

191 — Confédération ou serment des Français sur
l'autel de la Patrie, le 14 juillet 1790. Très-
jolie pièce de forme ronde, gravée en couleur.

192 — Portrait de Cambacérès, second consul de la
République française. En bas, une scène où
Barthélemy, président du Sénat, présente
au premier Consul l'acte constitutif qui
fixe le consulat à vie. Gravé en couleur.
Superbe épreuve.

LITTET

193 — Portrait en buste de Pompadour, d'après
Scheneau. Très-belle épreuve.

MAOUT BARTOLOZY ET AUTRES

194 Portraits de Marie-Antoinette et de Mme Élisabeth.
Cinq pièces. Très-belles épreuves.

MONTCORNET

195 — Mazarin. — Dreux d'Aubray. — Louis XIII. —
Richelieu. — Prince de Condé. — Duc de
Vendôme. — Philippe d'Orléans. — Duc
de Beaufort, etc. 38 portraits.

NANTEUIL (R.)

196 — Sarazin. — Léonard, par Vermeulen. — Crebillon, par Balechou. — L. Legendre, par Drevet — P. de Marca, par Van Schuppen. Cinq pièces.

ODIEUVRE

197 — 68 Portraits de la suite des personnages français de toutes les époques, publiés par Odieuvre.

PIQUET

198 — Loubaissin (François), de la Marque, âgé de 29 ans. Charmant petit portrait. Très-belle épreuve.

RÉVOLUTION FRANÇAISE (Pièces sur la)

199 — Les Drapeaux de la Garde nationale parisienne. Suite de soixante pièces ; plusieurs sont doubles avec changements et six numéros manquent pour que la suite soit complètes. En tout 68 pièces.

200 — Arrestation du roi à Varennes. Très-jolie pièce en couleur, plus deux portraits de Charlotte Corday, dont un gravé par Massol.

RÉVOLUTION FRANÇAISE (Pièces sur la)

201 — La République triomphante. — La Liberté. — L'Égalité. — La Probité. — La Force. — La Nature, etc. Suite de quinze pièces, de forme ronde, gravées par Darcis. *Paris.*

202 — Le Masque levé. Il jette à ses pieds ce qu'il tenait dans ses mains. — Marat vainqueur de l'Aristocratie. Trois pièces.

203 — 118 Portraits des députés de l'Assemblée nationale, en 1789, publiés par Dejabin. Quelques-uns sont avant la lettre.

204 — 37 Portraits des membres de la même Assemblée, gravés par Fiésinger et Vérité.

205 — 28 Portraits des membres de la même Assemblée ; la plupart publiés par Sevachez.

206 — Trente-cinq Portraits des membres de la Convention nationale, publiés et gravés par Bonneville.

207 — Cent vingt-cinq Portraits divers : membres de l'Assemblée nationale, de la Convention, de la Constituante, du Directoire exécutif, généraux, etc.

208 — Sous ce numéro, il sera vendu environ trois cents Pièces sur les principaux faits de la Révolution, de 1789 à 1798.

SAINT-AUBIN (A. de)

209 — Linguet. — Dorat. — Poullain de Saint-Non
— Franklin. — Fénelon. — Buffon. —
Voltaire, etc. Douze pièces. Très-belles
épreuves.

SAINT-AUBIN (G. de)

210 — Spectacle des Tuileries (1re vue). (P. de B.
13). Superbe et très-rare épreuve d'un état
non décrit avant toutes lettres et avant
beaucoup de travaux dans toutes les par-
ties de l'estampe (eau-forte pure).

TARDIEU (J.)

211 — Oudry (Jean-Baptiste), peintre, d'après Lar-
gillière. Très-belle épreuve.

VILLENEUVE (Chez)

212 — Françaises devenues libres. Très-jolie pièce
sur fond rouge.

WATTEAU (D'après)

213 — Arlequin, Pierrot et Scapin. Petite pièce en
largeur, gravée par L. Surugue. Superbe
épreuve avant toutes lettres.

WATTEAU (D'après)

214 — Pour garder l'honneur d'une belle...... — Sous un habit de Mezetin...... — Daphnis, d'après Coypel. Trois pièces gravées par Cochin et Surugue.

215 — Croquis divers. Suite de quatre pièces gravées au crayon rouge par Demarteau. Rares.

WOERIOT (P.)

216 — Bornonius (Jacques), Jurisprudence (R. D. 276). Très-belle épreuve du 1er état. Rare.

---

217 — Sous ce numéro il sera vendu un grand nombre de Gravures en lots et par portefeuilles : portraits, pièces historiques et sujets divers.

V^{es} Renou, Maulde et Cock, impr^s de la Cie des Commissaires-Priseurs, rue de Rivoli, 144.   81873

LA VENTE

DES

AUTOGRAPHES

DES MANUSCRITS ET DES LIVRES

DÉPENDANT

De la Succession de Mme WALDOR

Réunis en partie par M. de Villenave

AURA LIEU

RUE DES BONS-ENFANTS, N° 28

Dans les premiers jours du mois de Mai

———

Par le ministère de **Me LEBRUN**, Commissaire-Priseur,
rue de la Michodière, 20,

Assisté de **M. Étienne CHARAVAY**, Expert-Paléographe,
rue des Grands-Augustins, 26,

Et de **M. CHASLES**, Expert-Libraire, rue Bonaparte, 15,

CHEZ LESQUELS SE DISTRIBUE LE CATALOGUE.

9 782013 420259